3 1994 01363 6615

SANTA ANA PUBLIC LIBRARY

AR PTS: 0.5

1|08

D1442229

First Facts®

The Solar System

Jupiter

Revised and Updated

J 523.45 RIC
Richardson, Adele
Jupiter

CENTRAL $21.26
        3199401363661 5

by Adele Richardson

Consultant:
Stephen J. Kortenkamp, PhD
Research Scientist
Planetary Science Institute, Tucson, Arizona

Capstone press®
Mankato, Minnesota

First Facts is published by Capstone Press,
151 Good Counsel Drive, P.O. Box 669, Mankato, Minnesota 56002.
www.capstonepress.com

Copyright © 2008 by Capstone Press, a Coughlan Publishing Company. All rights reserved.
No part of this publication may be reproduced in whole or in part, or stored in a retrieval system,
or transmitted in any form or by any means, electronic, mechanical, photocopying, recording, or
otherwise, without written permission of the publisher.
For information regarding permission, write to Capstone Press,
151 Good Counsel Drive, P.O. Box 669, Dept. R, Mankato, Minnesota 56002.
Printed in the United States of America

Library of Congress Cataloging-in-Publication Data
Richardson, Adele, 1966–
    Jupiter / by Adele Richardson.—Rev. and updated.
    p. cm.—(First facts. The Solar system)
    Includes bibliographical references and index.
    ISBN-13: 978-1-4296-0722-3 (hardcover)
    ISBN-10: 1-4296-0722-X (hardcover)
    1. Jupiter (Planet)—Juvenile literature. I. Title. II. Series.
QB661.R54 2008
523.45—dc22   2007003527

Summary: Discusses the orbit, atmosphere, and exploration of the planet Jupiter.

Editorial Credits
Christopher Harbo, editor; Juliette Peters, designer and illustrator; Jo Miller, photo researcher;
    Scott Thoms, photo editor

Photo Credits
NASA/JPL, 14
Photodisc, 1, 4, 16–17, planet images within illustrations and chart, 6–7, 11, 13, 19, 21
Photo Researchers Inc./Science Photo Library/NASA, cover, 9; Space Telescope Science
    Institute/NASA, 16 (inset)
Space Images/NASA/JPL, 5, 8, 15, 20

1 2 3 4 5 6 12 11 10 09 08 07

Table of Contents

Voyager 1 Visits Jupiter

In 1979, *Voyager 1* became the third spacecraft to fly by Jupiter. Pictures from *Voyager 1* showed thin rings around Jupiter. No one had ever seen them before. These pictures taught scientists more about the solar system's largest planet.

Fast Facts about Jupiter

Diameter: 88,750 miles (143,000 kilometers)
Average Distance from Sun: 483 million miles (777 million kilometers)
Average Temperature (cloud top): minus 163 degrees Fahrenheit (minus 108 degrees Celsius)
Length of Day: 9 hours, 55 minutes
Length of Year: 11 Earth years, 11 months
Moons: at least 63
Rings: 3

5

The Solar System

Jupiter is the fifth planet from the Sun. It is one of the gas giants, along with Saturn, Uranus, and Neptune. The four planets closest to the Sun are rocky. They are Mercury, Venus, Earth, and Mars.

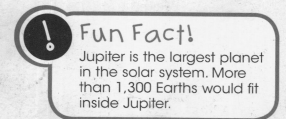

! Fun Fact!
Jupiter is the largest planet in the solar system. More than 1,300 Earths would fit inside Jupiter.

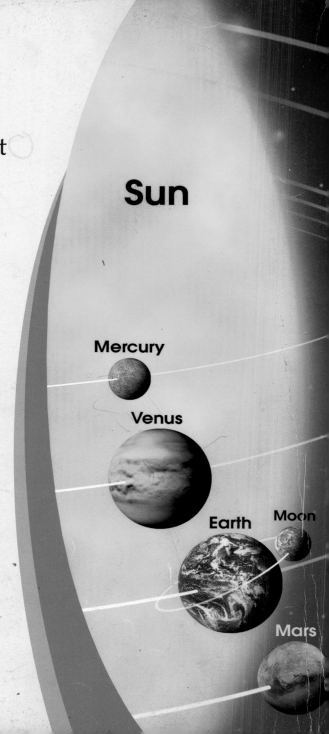

Sun

Mercury

Venus

Earth

Moon

Mars

Jupiter

Saturn

Uranus

Neptune

7

Jupiter's Atmosphere

The gases surrounding a planet are called its **atmosphere**. Jupiter has a thick, cloudy atmosphere. It is mostly made of **hydrogen** gas.

Clouds move quickly around Jupiter.
Winds blow the clouds faster than
400 miles (640 kilometers) per hour.

Jupiter's Makeup

Jupiter does not have a solid surface. A thick atmosphere of gases and ice pushes down on the planet's center. This pushing force is called **pressure**. The pressure makes gases deep inside Jupiter hot and thick, like syrup. A rocky **core** may lie in the planet's center.

Fun Fact!
Jupiter's pressure and heat crush and melt any spacecraft that enters its clouds.

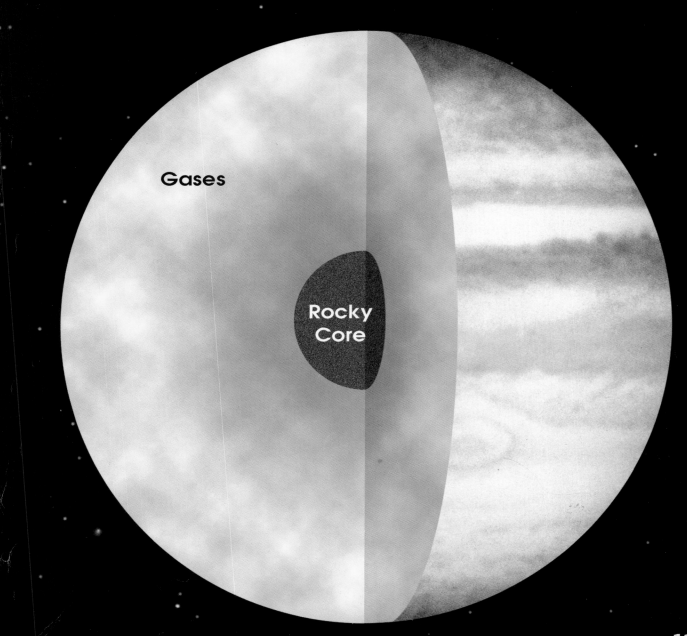

Gases

Rocky
Core

How Jupiter Moves

Jupiter spins quickly on its **axis** as it moves around the Sun. The giant planet takes 9 hours and 55 minutes to spin on its axis once. Jupiter moves around the Sun very slowly. The planet takes almost 12 Earth years to circle the Sun one time.

Fact!
The farther a planet is from the Sun, the longer it takes the planet to go around it.

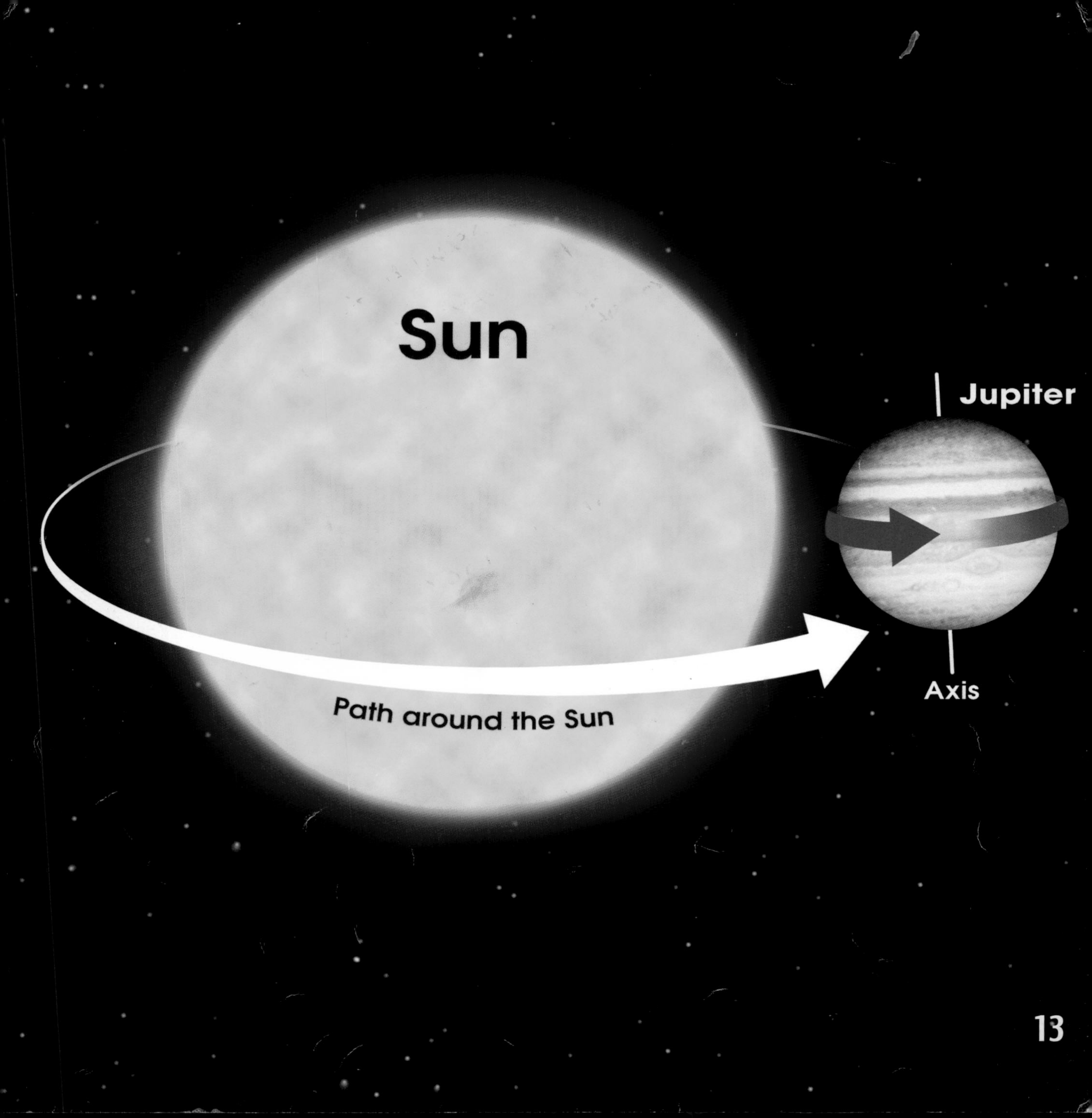

Sun

Jupiter

Path around the Sun

Axis

13

Io

Europa

Moons and Rings

Jupiter has at least 63 moons. The moon Io has volcanoes that erupt hot lava. The moon Europa may have an ocean under its icy surface.

Jupiter has three rings. The rings are made of dust and pieces of rock. The rings are thin and faint. Scientists use special cameras to see them.

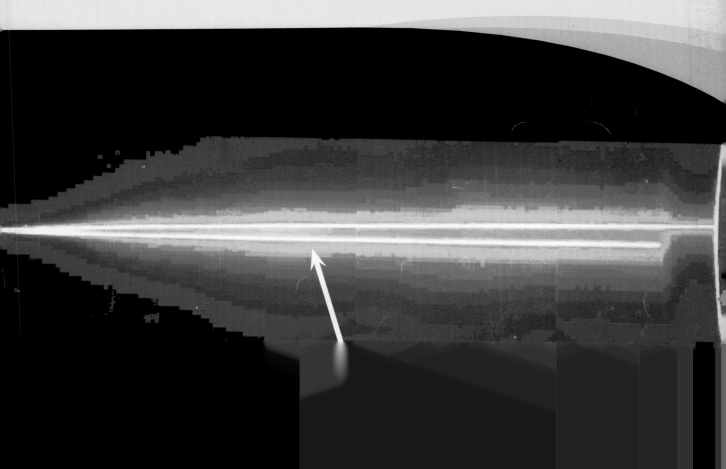

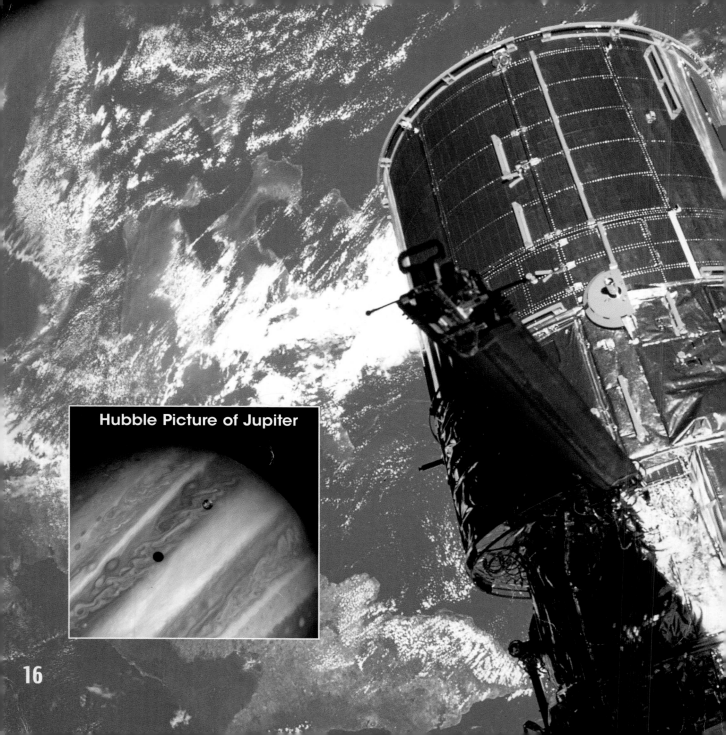

Hubble Picture of Jupiter

16

Studying Jupiter

Jupiter is studied with spacecraft and **telescopes**. Seven spacecraft have visited the planet. From Earth, people study Jupiter with telescopes. Some of the clearest pictures of Jupiter are taken with the Hubble Space Telescope.

Fun Fact!
The Hubble Space Telescope is the size of a school bus.

Comparing Jupiter to Earth

Jupiter and Earth are very different. Earth is made of rock. Jupiter is made of ice and gases. People could not breathe the air on Jupiter. The planet does not have a surface to walk on. People will keep studying the planet with spacecraft and telescopes.

Fun Fact!
Jupiter's moon Io is about the same size as Earth's moon.

Size Comparison

Jupiter

Earth

Amazing but True!

Jupiter's Great Red Spot is the biggest storm in the solar system. Almost three Earths could fit inside it. The Great Red Spot is like a huge hurricane on Earth. The giant storm has been raging on Jupiter for more than 350 years.

Planet Comparison Chart

Planet	Size Rank (1=largest)	Makeup	1 Trip around the Sun (Earth Time)
Mercury	8	rock	88 days
Venus	6	rock	225 days
Earth	5	rock	365 days, 6 hours
Mars	7	rock	687 days
Jupiter	1	gases and ice	11 years, 11 months
Saturn	2	gases and ice	29 years, 6 months
Uranus	3	gases and ice	84 years
Neptune	4	gases and ice	164 years, 10 months

Glossary

atmosphere (AT-muhss-feehr)—the mixture of gases that surrounds some planets and moons

axis (AK-siss)—an imaginary line that runs through the middle of a planet; a planet spins on its axis.

core (KOR)—the inner part of a planet that is made of metal or rock

hydrogen (HYE-druh-juhn)—a colorless gas that is lighter than air and burns easily

pressure (PRESH-ur)—the force produced by pressing on something

telescope (TEL-uh-skope)—an instrument that makes faraway objects appear larger and closer

fin

Pero no he prometido nada
sobre mi hermanita...

Y cuando acabó de regañarme, me hizo prometer, con la mano en el corazón, que nunca jamás —pero jamás de los jamases— volvería a cambiar a mi papá por nada; de nada.

Así que no lo haré jamás.

Y se lo prometí.

Cuando llegamos a casa, mi
madre dijo cosas como: «¡Míralo,
pero si viene hecho unos zorros!»
y le hizo tomar un baño
y metió toda su ropa
en la lavadora.

Mientras papá se bañaba, mi
madre me regañó.

La semana pasada mi hermanita le contó
a toda la escuela que yo era adoptado. La anterior
le había dicho a todo el mundo que yo era un
alienígena extraterrestre que fingía ser yo.

Allí había una casita para conejos y alrededor
de la casita había un corralito hecho de tela
de gallinero. Mi papá estaba sentado sobre la hierba,
en el corralito de tela de gallinero, leyendo el
periódico y comiéndose una zanahoria.
Parecía un poco solo y tenía los
pantalones todos manchados de hierba.

Mientras
caminábamos,
yo llevaba a
Galveston el Conejo
en brazos, y él
encogía la nariz.
Mi hermana
intentó encoger
la nariz como
Galveston, pero
no le salió.

Le di la máscara de gorila. Él me dio a Galveston y un mapa que dibujó de cómo llegar hasta casa de Patti.

CASTAÑOS

CARTEL GRANDE NO ES EL CAMINO

LAGO

MUCHAS CURVAS

CARTEL

Nunca había caminado tanto en toda mi vida.

Éste es Galveston,
dijo Blinky, cuando volvió. Galveston era un conejo blanco muy gordo con una oreja negra.
Cambié a tu padre por Galveston,
dijo Blinky.

Blinky hizo que el mayordomo nos trajera refresco de jengibre.

A mí me gustó, aunque las burbujas me hacían cosquillas en la nariz.

Mi hermana hizo una mueca.

—Ahora —le dije cuando terminé el refresco de jengibre— ¿Dónde está mi papá?

—Ah —dijo Blinky. Volvió a irse y dio la vuelta a la casa.

Blinky bajó las grandes escaleras.
Parecía muy contento de
ver su máscara de gorila.

—¿Me la devolvéis?
—preguntó.

—Eso mismo
—le dije yo.

Blinky tenía una casa muy grande.
Fuimos hasta la puerta y llamamos al timbre.

Cogí la guitarra, y fuimos a casa de Vashti.
¡Podría ser una estrella del rock!
Le dije a mi hermana.
Podrías ser un idiota,
me dijo mi hermana.
WEST STREET

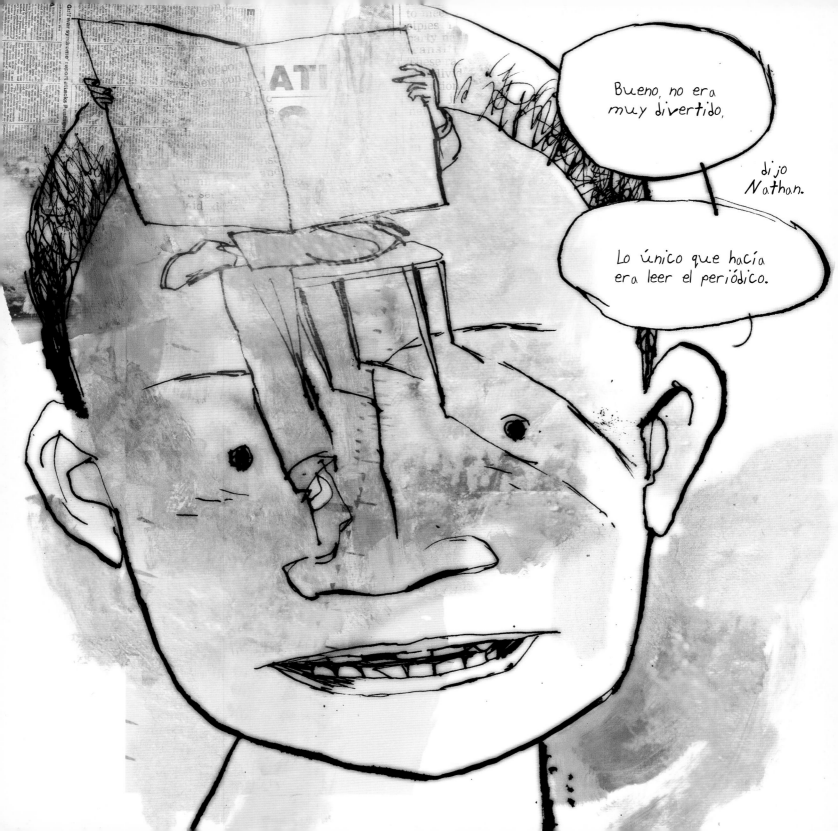

Así que fuimos a casa de Nathan.
Vive al otro lado de la calle.
Llamé a la puerta.

Salió la madre de Nathan.

¿Está Nathan?

Pregunté yo.

—¿De dónde has sacado esos peces de colores? —me preguntó.

—Se los regaló a Nathan su tía Violet —continuó.

—Se los cambié —dije yo—. Y ahora tengo que volvérselos a cambiar.

Mi madre me miró con severidad.

Jovencito,

dijo ella.

¿Es eso verdad?

Sólo me llama Jovencito cuando está muy, muy enfadada.

Sí,

dije yo.

—Muy bien —dijo mi madre, y recogió la pecera con los peces de colores y me la dio—. Llévale estos peces de colores a Nathan ahora mismo y no vuelvas sin tu padre.
—Te lo advertí —dijo mi hermanita.
—Y tú ya puedes acompañarle —dijo mi madre—. Mira que dejar que tu hermano cambiase a vuestro padre por una pecera con dos peces de colores. A quién se le ocurre.

Cuando mi madre llegó
a casa, dije:
—Mamá,
¿podemos comprar comida
para peces?

Pensé un rato.

Hay gente que tiene grandes ideas dos
o tres veces en la vida, y luego descubren
la electricidad o el fuego o el espacio
exterior o algo así. Me refiero a la clase
de ideas brillantes que pueden cambiar
el mundo entero.

Y luego hay gente
que no las tiene nunca.

Y cada vez que le enseñaba
algo, Nathan decía:

No.

Y bajamos de nuevo.

Fuimos a mi habitación.
Mi hermanita venía detrás.
Le enseñé a Nathan mis viejos robots
Transformer y mis cromos de béisbol
y mis libros. Le enseñé mi viejo saco de
boxeo y el silbato que mamá decía que
cada vez que lo tocaba le venía dolor
de cabeza. Le enseñé mi vieja nave
espacial que ya no flota en la bañera,
y la marioneta con los hilos enredados,
e incluso le enseñé a Payasín, mi
payaso que duerme conmigo.

Un día mamá salió y me dejó en casa, sólo
con mi hermanita y mi papá.

Mi papá estaba sentado delante
del televisor, leyendo el periódico.
Mi papá no presta mucha
atención a nada cuando
está leyendo el periódico.

Se busca: Un rodaballo en buen estado y funcionamiento, aletas propias, rayas abstenerse.
Se canjea por dos niños, una de nombre Yolanda, otro de nombre Liam, ambos saben ir solos al baño, menos Liam.
Ofertas al Muy Hon. Sr. David Tench McKean; razón: La Editorial.

El DÍA que cambié a mi PADRE
por DOS peces de colores
neil Gaiman y dave McKean

Perdido: Un libro. Si se encuentra, devolver por favor a Hayley Campbell (aunque puede que sea demasiado pequeño
para ella) o a Maddy Gaiman (aunque puede que sea demasiado pequeña para él).
Nada de peces, por favor.

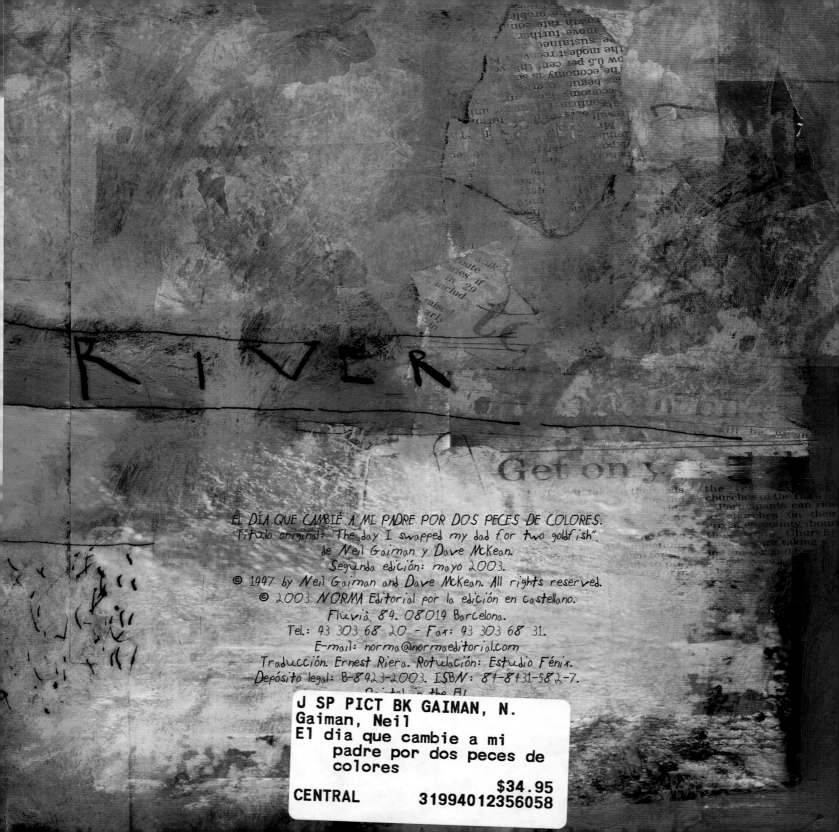

RIVER

Get on y...

EL DÍA QUE CAMBIÉ A MI PADRE POR DOS PECES DE COLORES.
Título original: "The day I swapped my dad for two goldfish".
de Neil Gaiman y Dave McKean.
Segunda edición: mayo 2003.
© 1997 by Neil Gaiman and Dave McKean. All rights reserved.
© 2003 NORMA Editorial por la edición en castellano.
Fluvià, 89. 08019 Barcelona.
Tel.: 93 303 68 20 - Fax: 93 303 68 31.
E-mail: norma@normaeditorial.com
Traducción: Ernest Riera. Rotulación: Estudio Fénix.
Depósito legal: B-8923-2003. ISBN: 84-8131-582-7.
Printed in the EU.

J SP PICT BK GAIMAN, N.
Gaiman, Neil
El dia que cambie a mi
    padre por dos peces de
    colores
CENTRAL $34.95
                        31994012356058